PROFESSION

DE FOI

D'UN ÉLECTEUR

DU DÉPARTEMENT DE L'ORNE.

PARIS,

PATRIS, Imprimeur-Libraire, rue de la Colombe,
N° 4, quai de la Cité.

Septembre 1817.

AVANT-PROPOS.

Depuis les cent jours, combien d'accusations graves on a portées contre les royalistes! Ils veulent le rétablissement des dîmes, le retour des droits féodaux, peut-être même celui de la servitude ; que sait-on ? Ils ont formé le projet d'envahir toutes les places ; on les soupçonne fort d'avoir accaparé les bleds pendant la disette ; et d'ailleurs, *restés stationnaires au milieu des progrès de la civilisation, pourront-ils jamais marcher avec le siècle ?*

Quelque ridicules que puissent paraître des calomnies, encore ne pensé-je pas qu'il faille absolument les mépriser. Assurément, je fais fort peu de cas de nos révolutionnaires sous le rapport de l'esprit et des talents (3); mais je leur rends néanmoins une justice méritée : quand il s'agit de calomnier ou de détruire (et pour eux cela revient presqu'au même, car ils ne calomnient que pour détruire), ce sont des hommes incroyables ; tous les moyens alors leur sont bons, toutes les armes familières, et ils manient jusqu'aux plus dégoûtantes avec autant d'habileté que de succès.

Si cette profession de foi n'exprimait que mes propres sentiments, je ne prendrais pas la peine de la publier; c'est parce qu'elle peut être avouée par tous les royalistes, que je crois devoir l'opposer à cet échafaudage d'imputations calomnieuses ou absurdes au moyen desquelles on cherche à égarer l'opinion.

Dans ce qui sera réellement favorable aux progrès de la civilisation, ce ne sera point des révolutionnaires que nous apprendrons à marcher avec le siècle (qu'ils ramèneraient à la barbarie, si on les laissait encore maîtres). Pour éviter une révolution dont ils ont horreur eux-mêmes, et qu'ils n'ont pas su fixer, nous avons défendu de tout notre pouvoir cette vieille monarchie française, qui, pendant tant de siècles, avait brillé d'un si grand éclat. Qui ne voit qu'on doit être rassuré sur nos dispositions présentes précisément par les motifs qui nous ont mis alors les armes à la main ? Ne sommes-nous pas ennemis nés de toutes les révolutions ?

Il existe une grande raison de sécurité ; c'est qu'en résultat l'erreur ne peut avoir qu'un temps, et qu'une société ne peut vouloir ce qui tend à sa ruine. Tout gouvernement qui, comme nos voisins, essayera de combattre franchement les doctrines révolutionnaires, sera certain d'être secondé de toute la faveur de l'opinion.

J'entends quelquefois parler d'un système de fusion bien extraordinaire. Et depuis quand les choses qui se repoussent peuvent-elles donc s'unir ?

En mai 1815, j'ai vu, à Lyon, des fédérés solliciter instamment la faveur d'être admis au nombre des braves qui ont alors été dirigés sur Grenoble. Avec quel empressement n'y ont-ils pas été admis ! Qui a songé à leur reprocher une erreur qu'ils expiaient si noblement ? La voilà cette fusion que nous appelons de tous nos vœux !

Pour être durable, il faut qu'elle ne rapproche que ce qui est homogène, et tout le deviendra bientôt, si, sans distinction de rang, d'état et de naissance, on récompense les bons sentiments partout où ils se montrent. Mais mettre sur la même ligne l'honneur et l'infamie, l'erreur et la vérité, le vice et la vertu ; refouler ainsi sur des cœurs indignés les sentiments généreux qu'ils allaient épancher, ce serait l'idée la plus monstrueuse que l'abjection pût concevoir ; la tyrannie même la rejèterait avec horreur. Comment donc imaginer qu'elle fût accueillie sous un gouvernement légitime, libre, et à ces deux titres essentiellement moral ?

PROFESSION DE FOI
D'UN ÉLECTEUR
DU DÉPARTEMENT DE L'ORNE.

De la Souveraineté.

The King cannot do rong. Le Roi ne peut jamais errer, disent les Anglais. Que veut le Roi, si veut la loi, disaient nos pères, et ces deux axiomes signifient également que dans toute monarchie, le Roi peut être seul la source et l'organe du pouvoir.

La question de la souveraineté du peuple ne serait pas la plus dangereuse, qu'elle serait la plus oiseuse de toutes celles qu'il est possible d'agiter ; car il n'y a pas de monarchie si l'on n'admet avant tout, au moins comme fait, la proposition que nous avons avancée d'abord. Seulement si l'on persistait à reconnaître cette souveraineté prétendue, que le peuple d'ailleurs ne peut jamais exercer, on serait en même temps forcé de supposer qu'il s'en est dessaisi d'une manière telle, que le monarque devient souverain aussi pleinement que le pouvait être le peuple lui-même. Vouloir ici mettre des restrictions, poser des limites, c'est sortir du système monarchique. N'est-il pas beaucoup plus conforme à l'intérêt de la société de bannir les questions insidieuses, et de remonter à Dieu d'où dérive toute puissance ? Nous allons voir que la liberté ne peut que gagner à cette doctrine.

Excellence de la Monarchie.

En effet en donnant au monarque un caractère sacré, en faisant descendre son inviolabilité du ciel, nous élevons la monarchie à un degré de moralité que ne peut offrir aucun autre gouvernement. Quelle heureuse idée, d'avoir, en plaçant le trône aussi loin de nous, rendu le souverain presque étranger aux passions qui nous affectent ! Au sein de l'inaltérable sécurité dont nous nous plaisons à l'entourer, peut-il avoir d'autres intérêts que les nôtres, d'autre besoin que celui d'assurer notre bonheur ? Ah ! si le roi savait cela, disaient nos pères, quand ils croyaient avoir quelque sujet de plainte à former ! Et cette exclamation était en même temps un témoignage de leur sagesse, et un hommage rendu d'instinct à la bonté de nos princes.

Des Lois ou Volontés royales.

Il y a long-temps que notre grand roi, saint Louis, a déclaré que les Français n'étaient esclaves que des lois; mais en quoi consiste leur essence, et comment se prononcent-elles ?

Les lois, dit Montesquieu, sont les rapports qui dérivent de la nature des choses. Afin que les volontés royales n'expriment que ces rapports, il faut donc qu'elles ne puissent se manifester que dans des formes déterminées, et c'est ici que les institutions viennent au secours de la royauté.

Toute volonté suppose examen, délibération. Comme le roi ne peut errer, il s'en suit qu'il doit toujours avoir près de lui les lumières nécessaires pour prononcer en connaissance de cause ; mais où les puisera-t-il, si ce n'est dans la considération des intérêts généraux de la société ? Il y a plus ; les rapports qui dérivent de la nature des choses ne seraient plus exprimés, si quelques-uns de ces intérêts généraux se trouvaient lésés. Il est donc indispensable qu'ils ayent auprès du trône des organes que le souverain doive consulter, et sans l'assentiment desquels il ne puisse être rendu des lois.

Des intérêts généraux de la société.

Mais quels sont ces intérêts ? Remarquons que, quelque multipliés qu'on puisse les supposer, on peut cependant les rapporter à trois grandes divisions qui sont inhérentes à la nature même de la société. Ces trois divisions se composent: la première, des intérêts monarchiques; la deuxième, des intérêts aristocratiques, et la troisième, des intérêts démocratiques. Quelles que soient en effet les différences de mœurs, de gouvernements, il existe chez tous les hommes un penchant à la domination, qui est ou monarchique, s'il est éprouvé par un seul; ou aristocratique, s'il est éprouvé par plusieurs; ou démocratique, s'il est éprouvé par tous. De-là, trois situations correspondantes dans toute société. Si vos institutions ne les consacrent pas, si, pour m'exprimer ainsi, elles n'absorbent pas, en leur accordant une activité qu'elles limitent, les ambitions qui sortent de ces situations, l'une de ces ambitions profitera, pour se faire jour, de la première circonstance favorable, et ne trouvant aucun frein disposé d'avance, c'en sera fait de la liberté publique. Il n'en sera pas de même, si sa part étant faite, elle est forcée d'aller se perdre dans le pouvoir auquel elle est analogue, et de concourir ainsi au service de la société.

Des trois Pouvoirs.

Nous disons au service de la société, car, qu'est-elle, sinon la collection des divers intérêts qu'elle renferme ? Or, tous ces intérêts sont nécessairement représentés, si l'on n'en peut imaginer aucun qui ne soit compris dans l'une des trois divisions que nous avons admises. Ceux de la royauté seront défendus par la force qui lui est propre ; ceux de l'aristocratie, par la chambre des pairs ; et ceux de la démocratie, par celle des députés. Ces deux chambres ont chacune une sphère d'action relative à leurs fonctions, et, en les exerçant elles forment chacune un pouvoir indépendant, comme la royauté elle-même. On sent que s'il n'en était pas ainsi, la défense, ou, ce qui revient au même, la représentation des intérêts sociaux, ne serait qu'une fiction, et la politique ne peut admettre que des choses positives et réelles.

De la Représentation nationale.

La représentation nationale, c'est-à-dire la représentation des intérêts sociaux, ne peut donc exister dans une chambre qui ne stipule que pour une classe d'intérêts; elle n'existe point encore dans la réunion des deux chambres, puisque la défense de l'intérêt le plus précieux de la société, l'intérêt monarchique ou de la royauté, ne leur est point, du moins, immédiatement, confié. Peut-on dire qu'elle appartient à l'ensemble des trois pouvoirs? Oui; mais le roi seul doit leur servir d'organe.

De la Royauté.

Sous ce point de vue, le Monarque est le seul représentant de la Nation, non seulement à l'égard de l'étranger, mais encore relativement à nous. Personne autre que lui ne peut prononcer les lois que nos intérêts réclament et en ordonner l'exécution (1). La royauté, c'est donc l'expression de la société, c'est la patrie.

Du Régicide.

Aussi n'hésité-je point à regarder le régicide comme un crime essentiellement irrémissible. Blessés dans ce qu'ils ont de plus cher, humiliés dans ce qu'ils ont de plus grand, les peuples ne peuvent impunément souffrir que ces liens de confiance et d'amour qui les unissent au souverain soient brisés, et que la société monarchique soit ainsi sapée dans les seuls fondements sur lesquels elle puisse reposer.

De la Chambre des Pairs.

La chambre des pairs stipule pour les intérêts aristocratiques. Il en existait autrefois de deux sortes, puisque nous avions deux classes privilégiées. Chacune d'elles nommait ses députés particuliers. On a dû regarder l'ancienne constitution de notre monarchie, comme renversée le jour où l'on a éxigé qu'au lieu de délibérer par ordre, on délibérât par tête, car c'était ne plus reconnaître les priviléges qu'elle consacrait. Nous n'avons maintenant qu'une classe peu nombreuse de privilégiés, aussi n'avons-nous qu'une chambre, dont ils sont tous membres de droit. On prétend que cette aristocratie n'est point encore complète, qu'elle ne jouit pas du degré d'indépendance que des propriétés foncières très-considérables devraient lui assurer, qu'elle ne semble point encore pénétrée de cet esprit de famille qui doit toujours l'animer. Observons qu'elle vient de naître, et comptons sur la sagesse des deux autres pouvoirs pour la doter insensiblement de ce qu'on jugera lui manquer.

De la Chambre des Députés.

N'ayant ni corporations, ni franchises municipales, ni assemblées provinciales, les intérêts démocratiques, en d'autres termes, les intérêts dont personne n'est légalement privé, se réduisent donc à ceux de la propriété, de quelque nature que ce soit. En première ligne, nous placerons certainement les intérêts de la propriété foncière; car, outre qu'en France la valeur des fonds de terre est bien supérieure à celle de toutes les autres espèces de propriétés; que leurs possesseurs payent, tant directement qu'à raison de leurs consommations, la majeure partie de l'impôt; que l'agriculture a toujours été considérée comme la source la plus pure de la prospérité publique, la terre jouit encore, sous le rapport politique, d'un avantage qui doit lui assurer une prééminence marquée, c'est qu'elle renferme un principe particulier de stabilité. Les talents industriels et les valeurs qui en sont le produit offrent au contraire un élément d'activité qui, pour ne pas exercer une action préjudiciable, doit être restreint dans de certaines limites. Aussi la première condition constitutionnellement requise pour élire ou être élu, repose-t-elle sur la propriété territoriale. Mais tous les intérêts devant être réprésentés, c'est au législateur a déterminer la proportion dans laquelle il veut qu'ils le soient (2).

De l'Administration.

Nous avons vu comment se forment et se manifestent les volontés royales : disons maintenant un mot de la manière dont elles s'exécutent.

Il est de principe que si le Roi ne peut vouloir que ce qui est conforme aux intérêts sociaux, il ne peut en même temps rien exécuter que par l'intermédiaire d'un agent toujours responsable.

On demande si le ministre peut être distingué de la prérogative royale, ou en d'autres termes s'il forme un pouvoir à part, mais d'un autre ordre. J'avoue que cette question me paraît sans objet. L'essentiel est que la personne du Roi soit toujours inviolable, et les ministres toujours responsables. Mais ces derniers, dit-on, sont immédiatement investis par le souverain de sa puissance; soit, mais existe-t-il dans la société monarchique quelque chose qui ne soit pas une émanation de l'autorité royale?

De la Liberté de la Presse.

Cette responsabilité des ministres n'offrirait jamais rien de vague, si la législation pouvait atteindre un degré de précision, et que tout se réduisît à des applications de lois à faire. Cette perfection législative n'étant pas possible, il en résulte une grande difficulté à vaincre.

Le ministère ne peut jamais s'arrêter, et cependant les traces de la route qu'il doit suivre ne sont pas toujours visibles.

Autre difficulté. Les députés stipulant pour des intérêts généraux, et ne pouvant conséquemment recevoir de mandat dans des localités auxquelles ils n'appartiènent plus dès qu'ils sont élus, doivent néanmoins être les organes fidèles de vœux qu'on n'a pu leur exprimer d'avance.

Troisième difficulté. Enfin, le souverain désirant naturellement gouverner selon ses intérêts, qui ne peuvent être que ceux de la société, doit, en cas de désunion entre ses ministres et ses députés, renvoyer les uns ou dissoudre les autres; et pourtant les intérêts qu'il faudra consulter avant d'adopter une détermination, ne sont pas toujours ostensibles.

Il faut convenir que sans la liberté de la presse, ces difficultés seraient toutes insurmontables. Par elle, l'opinion se manifeste, les pouvoirs s'éclairent, et partout l'harmonie succède au désordre et à l'hésitation.

Je parle ici dans le sens le plus étendu: car vouloir que les feuilles périodiques soient exceptées de cette liberté, parce que l'influence qu'elles exercent sur l'opinion peut sembler parfois trop rapide, c'est réclamer une exception précisément par les motifs qui doivent la faire repousser. A qui remettrez-vous cette arme redoutable? Si vous concevez bien la nature du gouvernement représentatif, vous ne vous mettrez jamais dans la nécessité de résoudre une telle question. Mais cette liberté doit-elle être illimitée? Non, certes; il est au contraire indispensable que l'usage en soit réglé par les lois.

De la philosophie moderne ou révolutionnaire.

S'il est en effet un crime que ne puisse pas même atteindre la clémence royale, il est aussi des doctrines que les lois doivent à jamais proscrire ; ce sont celles qui tendent à la subversion de la société.

La liberté ne se fonde que sur des idées consacrées par l'intervention du ciel. Tel a été du moins le sentiment de tous les anciens législateurs, et le plus beau siècle dont la France s'honore, n'a cessé de rendre hommage à toutes les vérités morales et religieuses. Il était réservé à l'orgueil du nôtre de vouloir s'élever au-dessus de cette antique sagesse.

Après avoir déclaré infâme le système religieux le plus sublime que la nature humaine pût, je ne dis pas imaginer, mais concevoir, il a prostitué des talents admirables à briser parmi nous tous les liens de famille et de société. Une philosophie aride s'est emparée de tout ce que notre âme recélait de sentiments nobles et généreux, les a soumis à son analyse désolante, et ne nous a laissé que des passions ignobles, un égoïsme repoussant, et un orgueil démésuré. Telles sont les sources où nos sages modernes, libres de superstition, dégagés de préjugés, ont prétendu puiser les vertus qui devaient décorer leur république.

Pendant vingt-cinq ans notre malheureuse patrie a été soumise à leurs funestes expériences, et comme elle devait connaître toutes les extrémités du malheur, à une république *libérale* a succédé, quand leur incapacité les a forcés enfin d'abdiquer la puissance (3), Le gouvernement d'un homme éclairé *de toutes les lumières du siècle*. C'est alors que plus que jamais nous avons été capables de bien apprécier le cas que nos sages font de l'humanité. Le génie de la destruction qui semblait fatigué de carnage, s'est ranimé tout-à-coup. Pour satisfaire l'ambition la plus extravagante qui fût jamais, il a fallu mettre *les générations de la France en coupe réglée, comme les arbres d'une forêt*, et l'on calculait froidement la quantité de sang qu'il était annuellement possible de répandre. Qu'importait, en effet, le déplacement de quelques molécules de matière? Il est vrai que le christianisme enseignait autrefois à nos rois, que comme eux nous étions les enfants d'un dieu

2

rémunérateur et vengeur, et que ce ne serait point en vain que le sang qu'ils auraient versé sans une cause légitime, crierait un jour vengeance contre eux. Préjugés gothiques! superstitions surannées! Dans la chaîne des êtres qu'est donc l'homme? si non, un animal qui ne doit quelques facultés de plus qu'à une organisation insensiblement perfectionnée par le hasard et le temps. D'ailleurs, semblable au chiffre et sans valeur par lui-même, il n'en acquiert que par la place qu'on lui fait occuper. Ainsi l'avait décidé l'usurpateur du trône de saint-Louis.

Les anciens avec un système religieux très-imparfait, un culte immoral et barbare, regardaient cependant la crainte des dieux comme le premier précepte de leurs républiques ; et nous qui vivons dans les liens d'une morale toute divine, sous l'empire d'une religion qui consacre comme devoirs les sentiments les plus doux de la nature ; nous nous éloignerions de ce principe confirmé par l'expérience des siècles! Non, persuadons-nous au contraire que dégrader l'homme c'est le façonner pour le despotisme. La liberté, qui ne peut se fonder que sur des idées positives, ne vit que de sentiments généreux, et dans l'état actuel de la civilisation le christianisme seul peut les produire. Il parle à l'âme, l'émeut, la persuade, et la prétendue sagesse de nos sophistes la dessèche, la flétrit, et ne peut la convaincre.

En renouvelant aux pieds du vieux trône des lys nos anciens serments, nous avons abjuré de si méprisables doctrines et la liberté, premier fruit de la restauration, vient de reparaître parmi nous. Maintenant nous voulons la conserver telle que nos nouvelles institutions l'ont fondée. Par le rétablissement de cette antique famille à laquelle nous devons et nos monuments et nos franchises, n'avons-nous pas obtenu tout ce que nous désirions ? S'il fallait que les faits déposassent en faveur de la sincérité de ce langage, les yeux encore pleins des larmes que nous arrache un dévoûment si sublime, nous vous évoquerions ici, ombres de nos généreux paysans vendéens. Répondez-nous : quand notre gloire militaire détournait heureusement les regards du tableau de nos fureurs et de nos crimes, où la liberté s'était-elle réfugiée ? n'était-ce pas dans vos campagnes, tous les jours témoins de votre héroïque fidélité ? Qu'étaient vos chefs, si non vos compagnons d'armes, vos amis ? Vos sentiments, vos vœux, tout ne vous était-il pas commun ? Vos voix ne se confondaient-elles pas, soit que vous les élevassiez vers le ciel pour l'implorer, soit que vous fissiez retentir vos forêts de ce cri maintenant consacré, Vive le Roi, quand même?

« La diversité des conditions, dit madame
» de la Roche-Jacquelein, était oubliée; un
» brave paysan, un bourgeois d'une petite-
» ville était le frère d'armes d'un gentil-homme;
» ils couraient les mêmes dangers, menaient
» la même vie, étaient presque vêtus des mê-
» mes habits, et parlaient des mêmes choses
» qui étaient communes à tous. Cette égalité
» n'avait rien d'affecté. Elle était réelle par le
» fait, *les différences d'opinions politiques*
» *étaient effacées.* » Elle ajoute ailleurs « l'éga-
» lité régnait bien plus dans l'armée vendéenne
» que dans celle de la république, au point
» que je n'ai appris que depuis si la plupart
» de nos officiers étaient nobles ou bourgeois.
» On ne s'en informait jamais. *On ne regar-*
» *dait qu'au mérite.* »

Enfin, elle nous apprend que « dès que le
» combat était engagé, et que la mousqueterie
» et l'artillerie se faisaient entendre, les fem-
» mes, les enfants, tout ce qui restait d'ha-
» bitants, allaient dans l'église se metre en

» prières, ou se prosternaient dans les champs
» pour demander le succès de nos armes, de
» façon que dans toute la Vendée il n'y avait
» qu'une même pensée et qu'un même vœu. »

Conclusion.

Eh bien cette même alliance de vœux et de sentiments que vous avez formée, sous de si touchants auspices, nous voulons l'établir parmi nous. Nous accueillons cette égalité (4), qui ne faisait de vous qu'un peuple de frères; nous demandons qu'il n'y ait entre nous d'autre différence que celle de nos services; nous désirons qu'on mette sur la même ligne, et ceux que nos guerriers rendaient aux gouvernements précédents dans l'intérêt de la France, et ceux par lesquels d'autres braves signalaient leur dévouement pour cette famille auguste qui nous a réconciliés entre nous et avec l'Europe (5). Relativement aux choses, nous ne nous rappèlerons nos erreurs passées que pour les déplorer, et n'être plus séduits par de semblables prestiges; et relativement aux personnes, notre reconnaissance seule se reportera aux temps qui ont précédé la restauration. Nous promettons d'oublier le reste, car au milieu de tels désastres, qui peut se flatter de n'avoir pas besoin d'indulgence?

Ce n'est que bien pénétrés de ces dispositions que nous chercherons à distinguer ceux d'entre nous qui nous paraîtront le plus particulièrement dignes de nos suffrages ; mais pour les mériter, nous exigerons qu'ils joignent à des doctrines monarchiques, religieuses et morales, cette fermeté de caractère, cette généreuse indépendance d'opinion, sans lesquelles nous ne trouverions plus pour nos intérêts de garantie suffisante. Avouons-le franchement, une administration si compliquée ne peut nous convenir. Cet esprit de fiscalité qui s'était insinué par-tout, n'est plus en rapport avec des institutions généreuses ; la police a un budget mystérieux, et conséquemment inconstitutionnel, et nos dépenses sont encore susceptibles de fortes économies ; mais si nous voulons que des intérêts si délicats à traiter soient défendus avec courage, ne les confions qu'à des mains pures et sévères. En vain voudrait-on compromettre le nom sacré du Roi dans des discussions essentiellement libres. Que nos députés se rappèlent que le dévoûment n'est point une déférence lâche et servile. Quand le Roi réunit nos députés auprès de son trône, ses volontés sont manifestes. C'est leur conscience seule qu'il veut interroger. Si nous voulons être réellement représentés, descendons nous-mêmes dans les nôtres avant de disposer de nos suffrages. Alors, j'en suis certain, nous les refuserons inexorablement à l'ambition qui n'y verrait que des moyens d'avancement et de fortune, et à la faiblesse qui ne peut conserver d'opinion dans les circonstances difficiles.

NOTES.

(1) Je ne sache point qu'il ait été rendu, depuis la restauration, de loi pour valider les actes émanés des gouvernements révolutionnaires qui se sont succédé pendant l'interrègne. Les Anglais ont été plus conséquents que nous. Voici ce qui eut lieu chez eux en pareille circonstance.

Année 1660.

« Il se passa quelque temps, dit Hume, avant que
» les principales parties d'un état défiguré par la guerre
» et les factions pussent être rétablies dans leur pre-
» mier ordre. Mais les deux Chambres entrèrent im-
» médiatement dans la plus parfaite correspondance
» avec le Roi, et le traitèrent avec toute la soumis-
» sion et tout le respect qu'on avait toujours mar-
» qués pour ses prédécesseurs. Le parlement ayant
» été convoqué sans la participation du Roi, ne reçut
» d'abord que le titre de convention, et ce ne fut
» qu'en vertu d'un acte solennel, revêtu de l'autorité
» royale, qu'il reprit le nom de Parlement. Toutes
» les sentences et les procédures judiciaires passées
» au nom de la république ou du protecteur furent
» ratifiées par une nouvelle loi ; et les deux Chambres
» reconnaissant le crime de la révolte en leur propre
» nom, comme à celui de tous les sujets, acceptèrent
» le gracieux pardon de Sa Majesté ».

(2) Ces observations sont d'une grande importance. Voulez-vous donner de la stabilité à vos institutions, augmentez les proportions dans lesquelles votre propriété territoriale sera représentée. Voulez-vous ajouter à l'action du gouvernement, faites le contraire et accordez davantage aux valeurs industrielles. Enfin, si dans ce dernier sens, certaines limites sont franchies, vous retomberez dans la démagogie *et le sansculotisme*. Lisez les journaux actuels, et vous y acquerrez la preuve que nos adversaires savent cela tout aussi bien que nous. En attendant mieux, ils gazent encore leurs doctrines ; mais voici qui est plus clair. C'est d'ailleurs un échantillon curieux de politique révolutionnaire. Propriétaires de biens fonds, quelles que soient les nuances de vos opinions, lisez avec attention, et voyez l'abîme qu'on veut de nouveau creuser sous vos pas.

Le Censeur européen, tome 2, après avoir établi d'abord que les propriétaires industriels sont seuls propriétaires productifs, et que les propriétaires de biens fonds sont au contraire propriétaires improductifs (cela est faux et ridicule : mais les doctrines révolutionnaires ne sont jamais susceptibles d'un examen sérieux), finit par tirer les inductions suivantes :

« C'est un reste des préjugés sortis de la barbarie » féodale, que le seul fait de la possession d'une terre » attire encore sur le propriétaire un plus haut de- » gré d'estime que ne ferait tout autre fonds équiva- » lent ». (Par le bon plaisir du Censeur, voici les électeurs propriétaires de terres presque transformés en seigneurs féodaux). Mais continuons : « Les habitudes » de l'assujétissement durent souvent long-temps après » que l'assujétissement est passé ».

« S'il y a parmi les éligibles aux fonctions repré-
» sentatives une place pour les propriétaires sans in-
» dustrie, ce doit être la dernière place. La plupart
» des propriétaires fonciers en France sont dans ce
» cas. C'est un malheur, mais la règle ne peut se plier
» pour les personnes ». (On sait en effet combien
ces messieurs sont forts sur la règle. Dans les beaux
jours de 1793, ne disaient-ils pas : périssent les colo-
nies plutôt qu'un principe?) « Quoi qu'il en soit,
» l'intérêt agricole ne manquera pas de représentants ;
» on en trouvera dans leurs fermiers ». Quelle conces-
sion ! Mais voici qui est plus fort : « *Vivre de sa*
» *seule industrie personnelle*, et par là avoir un in-
» térêt matériel à la prospérité de l'industrie d'autrui,
» et au bien-être *des producteurs, c'est la condition*
» indispensable pour être capable de représenter *la*
» *nation*, c'est-à-dire, les producteurs ».

Ainsi, non seulement nous perdons la seule place
dont on avait bien voulu nous flatter d'abord, mais
nous ne faisons même plus partie de la nation, c'est-à-
dire des producteurs.

(3) J'entends souvent vanter les talents des hommes
de la révolution, et moi je n'en connais que deux
que l'on puisse considérer comme réellement hommes
d'état : ce sont Mirabeau, mort trop tôt pour sa
gloire et notre tranquillité, et Buonaparte. Encore ce
dernier gâtait-il des vues toujours saines et souvent
profondes par une mobilité d'idées qu'il ne sut jamais
régler, parce qu'elles provenaient chez lui de l'ambition la plus délirante qui fût jamais. A ces deux
exceptions près, j'avoue que, comme Français, je

suis humilié de la médiocrité de nos révolutionnaires. Les annales d'aucune autre nation offrirent-elles jamais une suite si épouvantable de scélérats vils et d'hommes sans caractère ?.

Reportons-nous un instant aux dernières convulsions de la république romaine. Il y a beaucoup de similitude entre ces temps et les nôtres. Une philosophie fausse et des doctrines démagogiques sapaient également par ses fondements un état qui florissait depuis des siècles, et le livraient à la puissance militaire, ce qui, sans la légitimité, serait encore le terme inévitable de ces sortes de révolutions. Mais que de différence dans les hommes! Je le demande aux révolutionnaires eux-mêmes : où sont nos Gracchus, nos Marius, nos Sylla, nos Catilina, nos Cicérons, nos Catons, nos Césars, nos Pompée, nos Brutus, etc. etc. ect. ?

Je ne considère ici les choses que sous le rapport politique. Car si nous nous attachons à notre histoire militaire, nous y verrons que là notre médiocrité politique se trouve plus que compensée. C'est notre côté brillant. Il est vrai que l'esprit militaire et l'esprit révolutionnaire se repoussent. Nos guerriers étaient aussi généreux que nos révolutionnaires étaient féroces. Il a déjà été remarqué très-souvent que jamais nos armées n'ont exécuté leurs décrets sanguinaires. Cela est tout simple. Le guerrier combattant pour la gloire et faisant à chaque instant le sacrifice de sa vie, ne peut être tenté de l'arracher lâchement à un malheureux désarmé.

(4) L'égalité! dans la bouche des révolutionnaires; j'avoue que ce mot m'a long-temps étonné. Je ne pouvais

d'abord m'expliquer comment tant de grands seigneurs, en criant à s'enrouer : *vive l'égalité ! l'égalité ou la mort !* sont tout-à-coup devenus, sans s'exposer le moins du monde, princes, ducs, comtes et barons, et comment en promettant *paix aux chaumières* et déclarant *guerre aux châteaux*, ils ont, en résultat, échangé des habitations plus que modestes contre des palais superbes. C'est qu'alors j'ignorais qu'il y eût deux sortes d'égalité..... l'égalité en dessus et l'égalité en dessous. Pour la première, j'en suis sûr, elle n'a pas un détracteur ; quant à la deuxième, ce n'est plus la même chose.

Voyez un honnête artisan, un cultivateur estimable, même un fabricant industrieux, mais peu avancé, entrer dans le salon d'un nouveau riche, apôtre bien déterminé de l'égalité. Avec quel air de supériorité n'y est-il pas accueilli ? Eh ! Messieurs, nous n'avons jamais redouté l'égalité ! La Vendée en est ici la preuve. Mais qu'elle existe donc en dessous comme en dessus. Vous voulez en vain prouver que les intérêts de quelques-uns de nous sont opposés à ceux de la société ; dites aux vôtres, et encore ceci ne peut-il s'entendre que de ceux de votre vanité.

Quand l'ambition de l'usurpateur sacrifiait tant de victimes humaines, où leurs parents allaient-ils chercher des secours, des protections ? Était-ce chez ceux qui exaltaient sa gloire en termes si magnifiques ? et récemment encore, avons-nous été moins sensibles que vous à la détresse causée par le prix exorbitant des subsistances ?

(5) La réconciliation des militaires français est telle, qu'ils ne se regardent plus que comme camarades et

frères d'armes. Des guerriers compatriotes, quoique la fatalité les ait rangés quelquefois sous des bannières différentes, n'ont jamais pu se regarder long-temps comme ennemis. Le courage ennoblit tout, et les animosités cessent dès que les armes sont déposées. Qui ignore qu'en même temps que nos émigrés s'enorgueillissaient des prodiges de valeur de nos armées, elles étaient elles-mêmes flattées de trouver une résistance plus opiniâtre partout où on leur opposait des corps français? De part et d'autre on avait fini par pousser la générosité au point de se rendre sur-le-champ et sans échange les prisonniers qu'on s'était faits. Réunis maintenant sous le commandement de généraux non moins recommandables par leur gloire personnelle que par leur loyauté, ces guerriers ne parlent qu'avec intérêt de leurs faits d'armes. Ce sont des trophées qu'ils élevaient, chacun de leur côté, à la valeur nationale.

De l'Imprimerie de C.-F. Patris, rue de la Colombe, n° 4, quai de la Cité.

www.ingramcontent.com/pod-product-compliance
Lightning Source LLC
Chambersburg PA
CBHW060549050426
42451CB00011B/1827